LE PARTI RÉPUBLICAIN

ET LE SCRUTIN DE LISTE.

LE PARTI RÉPUBLICAIN

ET LE

SCRUTIN DE LISTE

NIMES

IMPRIMERIE ROGER ET LAPORTE

1871

LE
PARTI RÉPUBLICAIN

ET LE

SCRUTIN DE LISTE

—◈—

I

Exigences du Scrutin de Liste.

Nous venons de faire du scrutin de liste une expérience nouvelle pour beaucoup d'entre nous. Depuis vingt ans cet outil primitif du suffrage universel avait été mis à l'écart et remplacé par un mécanisme plus rudimentaire. Tous ceux qui avaient vu fonctionner sous la République de 1848 le vote par scrutin de liste n'en avaient pas jugé de même. Mais généralement on s'accordait à le considérer comme un instrument dangereux, très-propre à donner des surprises et d'un fonctionnement tout à fait rebelle aux calculs préalables des partis.

A la considérer au point de vue théorique , la votation par scrutin de liste paraît très-propre à donner une moyenne des opinions régnantes dans un département. De fait , dans certains départements, en 1848, l'effet du scrutin de liste fut d'amener sur les bancs de l'Assemblée nationale des notabilités de tous les partis. Mais il s'en faut bien que la pratique donne dans la plupart des élections le résultat qu'on pourrait se promettre si l'on ne consultait que la théorie. Il n'a pas fallu longtemps pour apprendre aux meneurs des partis, aux faiseurs d'élections, qu'on pourrait réduire le vote au scrutir de liste à n'être que le vote pour une liste en bloc et à ramener le résultat de l'élection à l'expression de la majorité pure et simple. Au lieu de ces différences notables entre les premiers et les derniers élus , dont le vote récent de Paris nous offre encore un exemple , on ne tarda pas à avoir des votes où les nombres des voix accordées aux noms portés sur une même liste de candidats différaient de quelques centaines ou de quelques milliers. Le coup *faisait balle*. Dans les élections savamment conduites du 8 février 1871 , des partis ont eu recours à la tactique qui contribua si puissamment à décrier le scrutin de liste. Aussi les résultats fournis dans la plupart des départements dépassent en précision ceux des élections déjà si bien menées de 1849.

L'ardeur que des partis mettent à se combattre ne laisse pas le droit d'espérer que l'on revienne dans la pratique du scrutin de liste à ces libres allures qui pouvaient en faire le meilleur des modes d'élections à la pluralité des voix. Avec un tel instrument et les tendances qui s'accusent, le droit des minorités sera de plus en plus sacrifié. On verra des départements n'envoyer que des représentants d'un parti et pas un du parti opposé, bien que l'écart des voix obtenues par chaque parti soit peu considérable. C'est la logique de la lutte qui le veut ainsi. Engager les électeurs à ne suivre que la voix de leur propre conscience quand ils inscrivent sur leur bulletin de vote de nombre réglementaire de noms de candidats, c'est que leur conseiller de prêter les mains au triomphe de leurs adversaires politiques. Au scrutin comme à la guerre, la victoire appartient aux bataillons disciplinés. On a vu le scrutin de liste donner à une minorité bien unie le succès contre une majorité divisée. Les partis ne renonceront pas à une discipline qui seule peut donner la force, et l'électeur libéral devra se résigner à chercher encore et toujours la solution d'un problème impossible: de marcher à la pratique de la liberté, en abdiquant sa propre liberté de choix et en exigeant de ses coréligionnaires une renonciation momentanée, dit-on, mais en réalité perpétuelle, au droit le plus sacré du citoyen. Il faudra pour que l'électeur rentre dans le libre exercice de son droit de suffrage confisqué jusqu'ici, soit au nom de la loi par des pratiques tyranniques du gouvernement ou un mode vicieux et oppressif de votation, soit au nom de l'intérêt du parti sous le régime du scrutin de liste, il faudra que la sagesse de l'Assemblée nationale tente par un acte, libéral entre tous, de rendre possible la représentation des minorités. En attendant nous restons sous un régime où, au lieu de jouir de la liberté du vote, le citoyen doit faire le sacrifice de ses préférences et nommer non ceux auxquels il voudrait confier le mandat législatif, mais ceux auxquels il lui répugne le moins de le déléguer : souvent même il est contraint de voter pour ceux auxquels il rougit de le livrer. Il ne lui reste qu'à s'excuser sur la nécessité qui le presse.

N'y a-t-il pas un moyen de limiter l'étendue et la gravité du mal, en attendant l'avénement du bien ? Si nous ne pouvons sans nuire au succès de notre parti voter pour les hommes qui nous semblent les plus dignes, sommes-nous donc condamnés à voter pour des hommes qui nous paraissent indignes ? N'est-ce pas assez d'abdiquer la liberté, faut-il encore abdiquer l'honneur ? nous ne le pensons pas. Aussi bien une analyse rapide du procédé électoral en usage montrera à la fois le moyen d'éviter cet excès de misère et l'avantage qu'il y a à tout faire pour l'éviter.

II

La campagne électorale.

Dès que les élections sont annoncées, une cer-
taine agitation s'empare de tous les éléments du
parti si peu homogène qu'on appelle républicain.
On réclame de toute part l'union. C'est, en effet,
ce qui manque le plus ; mais on entendrait mal ce
mot si on l'interprétait dans le sens de concorde et
de coopération fraternelle, vers un but d'égalité,
de liberté, de justice. Ce qu'on demande c'est l'ab-
négation, c'est le sacrifice, l'abandon de la liberté
au profit d'un prétendu intérêt commun qui n'ap-
paraît pas avec évidence. Comme avant tout — si
dans le parti républicain on se montre très exigeant
à l'égard de l'électeur — on tient à ménager les
apparences et à donner aux opérations préparatoi-
res du vote tout l'appareil de la souveraineté populaire, exprimant librement sa volonté, on a emprunté
à l'Amérique un système qui frappe par sa solen-
nité. Des individus, censés incarner l'abstraction
du parti, édictent la liste que tout républicain devra

sous peine de forfaiture; déposer dans l'urne. Le parti a décidé! Dès ce moment, la conscience de chacun doit être à l'aise. Les mérites des candidats ont été pesés et estimés par procuration. — Un verdict sans appel a été prononcé.

Sans nous arrêter à relever ce qu'il y a de monstrueux pour des hommes qui se réclament de la liberté et de la justice, à s'enchaîner à la décision de volontés dont ils ne peuvent juger ni la pureté, ni la droiture, à s'engager sans retour possible dans la pratique pernicieuse de la raison d'Etat, par l'habitude de mettre au-dessus de toute considération honorable l'intérêt du parti, il nous suffit de suivre ce qui se passe dans les convocations de délégués d'où sortent les listes de candidats pour nous rendre compte de tout ce qu'un mode aussi vicieux de procéder peut faire perdre de force à la représentation des idées républicaines.

Pour que la liste proposée à l'obéissance passive des électeurs républicains ait quelque autorité, on veut qu'elle soit l'œuvre des délégués de *tous* les républicains du département. On veut au moins qu'elle le paraisse. On exige que l'électeur délègue son droit d'élire ses représentants, et ne garde que celui de porter à l'urne la liste qu'on lui aura dictée. On retourne ainsi au mode électoral du vote à deux degrés avec cette addition que la loi actuelle de prétendu suffrage direct rend nécessaire, c'est-à-dire que le véritable électeur ratifie en votant lui-même le choix de ses délégués. Un tel mode. qui serait acceptable dans un parti attaché par une fidélité déjà ancienne à des principes politiques

clairs et bien arrêtés, où le choix des délégués
serait en général inspiré par le soin de l'honneur
du parti, ne saurait s'appliquer dignement parmi
les républicains. Chez eux, il n'est pas un principe
qui soit unanimement accepté avec la même inter-
prétation.

Aussi tel que nous le voyons pratiqué, ce mode
de préparation du vote est une farce odieuse, Au
lieu de délégués compétents pour le choix des plus
dignes, et nous entendons par ce mot les plus aptes
à faire respecter les idées républicaines, on voit
arriver des individus qui avouent naïvement qu'ils
ne savent pas par qui ils doivent opiner. Ils viennent de tous les points du département, où l'appel
à la réunion est parvenu ; ils se montrent pressés
de s'acquitter, pour repartir au plus vite, d'un mandat dont ils ne semblent pas mesurer la portée.

Les uns sont résolus à faire de leur mieux ; mais
ils manquent de lumières, ils en demandent à des
amis qui n'en sont guère plus riches.

D'autres viennent avec un parti-pris bien arrêté
de faire échouer telle candidature dont ils ont en-
tendu parler, qui ferait peut-être honneur au parti,
mais qui les vexerait cruellement eux-mêmes.

Les plus malins, candidats inconnus et imprévus,
viennent décidés à prêter les mains à toutes les
manœuvres, espérant qu'au moment où les candidats *di primo cartello* seront couchés sur l'arène, il
surgira pour eux-mêmes quelque chance favorable,
et qu'à la faveur de la fatigue générale, à la fin
d'une soirée de débats, dans une atmosphère fu-
meuse, après vingt scrutins, ils passeront, candidats

honteux, sur une liste découronnée de tous les noms qui l'eussent illustrée. Vous leur demandez leurs pouvoirs : ils sont les délégués du peuple. N'ont-ils pas été régulièrement élus dans les cercles et les cafés des villes et des villages ? Qu'on ne feigne pas de s'y méprendre, c'est au nombre des commettants et à leurs sentiments, non à leur position sociale ou au lieu qui leur sert de réunion que nous voulons nous en prendre.

On sait avec quelle indifférence se font les désignations pour un acte qui devrait être sérieux. Souvent les personnes qui auraient pu décider du choix d'un délégué, apprennent, après son départ, son nom et sa qualité qu'il emporte. Souvent aussi on laisse passer, pour ne pas lutter ou se créer une inimitié implacable, une personnalité hargneuse et remuante qui ne va cette fois à la ville exercer un mandat extorqué que pour satisfaire une ignoble vengeance personnelle.

Il faut bien le reconnaître, parmi les délégués il en est qui comprennent la grandeur de leur mandat, qui voudraient le remplir honorablement. Ils l'essaient, font de louables efforts, et ne peuvent réussir. Mais le plus grand nombre parmi les honnêtes assistent passivement aux cabales et aux intrigues et partent en croyant avoir fait pour le mieux ; persuadés que les candidats évincés n'avaient pas de titre sérieux, ou étaient des indignes dont il fallait faire une exécution exemplaire. Ils croient aussi imperturbablement que les élus de la fin, les favorisés de la lassitude, possèdent des

qualités incontestables, puisqu'on les a si peu con-
testées.

Voità la liste faite : c'est maintenant aux électeurs d'incliner leur volonté devant l'*intérêt du
parti*. Ils apprennent qu'ils doivent porter au scrutin
une série de noms obscurs, ridicules ou antipathi-
ques. Il est des électeurs doués d'un caractère
timide, facile à se résigner; ils plient, non sans
protester à voix basse dans l'oreille d'un ami; ils
s'étonnent donc qu'on n'ait pas mieux fait quand il
était si facile de faire mieux; mais enfin ils obéis-
sent, et vont fidèlement, surmontant leur mécon-
tentement, déposer dans l'urne cette liste qui les
dégoûte. Il en est aussi qui ont reçu de la nature
un caractère plus altier; ceux-là on peut les con-
vaincre, ils sont accessibles aux raisons, aux sentiments ; ils feront des concessions pour leur cause ,
mais ils sont incapables d'en faire qui ne soient pas
raisonnées, que leur conscience éclairée ne puisse
ratifier. En vain on leur montre les adversaires
victorieux, et au nom de l'intérêt du parti on les
presse d'obéir. Ils ne cèdent pas, ils ne doivent pas
céder, car ils sentent, ils savent qu'ils servent
mieux leurs idées par un refus d'obéissance que par
une condescendance qu'ils réprouvent. Ils ne votent
qu'une partie de la liste, et par cette abstention ils
affaiblissent l'effort du parti.

Mais l'affaiblissement vient surtout de ceux qui,
malgré leurs manœuvres au sein de la délégation ,
n'ont pas toujours réussi à faire échouer les candi-
datures honorables qu'ils voulaient ruiner. Le honteux travail qu'ils y ont fait, ils le continuent au

dehors, ils n'épargnent rien pour enlever des suffrages aux noms de la liste qui devaient en obtenir le plus.

Ainsi, obéissance contrainte, abstention motivée et éclairée, abstention perfide et occultement fomentée, aboutissant toutes à l'énervement des forces républicaines, tel est le résultat du procédé mis en œuvre pour la préparation de *la liste*. Nous ne disons rien du dégoût profond que soulève le spectacle d'une opération si honteusement conduite, et des lâches passions étalées avec cynisme, dégoût qui laisse les candidats et les électeurs sans force pour de nouvelles luttes électorales.

Ce qu'on a voulu on ne l'a pas obtenu. On prétendait réaliser une union qui rendit irrésistible l'élan du parti républicain, ou au moins qui mit en saillie sa force et lui gagnât le respect de ses adversaires. On n'a mérité que le mépris; on n'a semé pour l'avenir que des germes d'une division encore plus tranchée. Le but qu'on se proposait était louable assurément. Amener à la concorde tous les individus qui s'entendent en ce qu'ils veulent pour le gouvernement la forme républicaine, et les conduire à voter tous pour une même liste de candidats, c'est ce qu'on veut, c'est ce qu'on aura raison de vouloir tant que le temps n'aura pas donné à cette forme de gouvernement la consécration de la légitimité. Mais le moyen mis en œuvre jusqu'ici ne conduit pas à ce but. Y en a-t-il un qui y conduise? Nous le croyons fermement.

III

Composition de la liste des candidats.

Les hommes qui veulent donner au gouvernement de la France la forme républicaine ne s'entendent pas tous, tant s'en faut, sur le fond de leurs visées politiques. Alors même qu'ils pourraient signer en commun un programme où se presseraient les formules mises en circulation dans ces dernières années par la spéculation démocratique, ils ne les entendraient pas de même : l'heure des explications serait pour eux l'heure de la séparation. Si l'on veut une union entre de tels éléments il faut se contenter d'un seul signe de ralliement, le moins équivoque de tous, l'adhésion patente à la forme républicaine.

Parmi ceux qui adhèrent à cette forme, il en est dont l'ensemble des vues pratiques est radicalement incompatible avec la conservation des intérêts sociaux, comme au maintien de la liberté. De bonne foi, sans doute, ils se prétendent autorisés à travailler à l'avénement d'une ère meilleure, par la suppression momentanée, à ce qu'ils croient, de la liberté. Il en est d'autres récemment convertis à l'idée républicaine, qui ne demandent pas mieux que de donner à la République l'appui dévoué qu'ils prêtaient dans l'intérêt de l'ordre à l'autorité d'un prince mis imprudemment au dessus des lois. Ceux-ci voudraient donner à la République des institutions compatibles avec les intérêts conservateurs propres à inspirer aux hommes occupés dans les affaires cette sécurité de prévisions dont ils ne sauraient se passer.

Entre ces deux extrêmes du parti républicain français, il y a un grand nombre de fractions à nuances plus ou moins tranchées, mais qui ont ce caractère propre que l'accord en vue d'une élection n'y offre pas de difficulté insurmontable. Ce sont ces fractions qui constituent la véritable force du parti républicain. Oui, elles constituent le parti républicain lui-même. Les deux fractions extrêmes, les *radicaux* et les nouveaux convertis, les *conservateurs libéraux*, n'en sont en réalité que les auxiliaires.

Dans ce noyau du parti républicain l'union est très facile, grâce à une habitude déjà ancienne. Pour satisfaire ces fractions, il n'est pas nécessaire d'inscrire sur une liste électorale des noms appartenant à chacune d'elles. D'ailleurs, il n'y a pas toujours dans le sein de chacune de ces fractions des individualités dûment qualifiées, tant par leur aptitude politique que par la considération qui les entoure, pour exercer dignement le mandat de député. Aussi les électeurs de tel ou tel groupe font-ils aisément le sacrifice de quelques unes de leurs idées, et satisfaits de voir énoncées celles qui leur sont communes, se considèrent comme suffisamment représentés par des notabilités fournies par un groupe voisin.

Ils ne demandent qu'une chose, c'est que les candidats ne soient pas pris dans les groupes des radicaux ou des conservateurs. A ceux-ci ils reprochent leur conversion tardive, comme s'ils entendaient leur redemander éternellement compte des malheurs auxquels leur complaisance pour la monarchie a exposé le pays. A ceux-là, ils reprochent leurs habitudes violentes, menace continuelle contre la sécurité et les institutions conservatrices, et aussi leurs arrière-pensées antilibérales.

Une liste qui ne ferait de part ni aux conservateurs libéraux ni aux radicaux, et qui serait tout entière recrutée dans les fractions moyennes du parti, aurait assurément pour elle la masse des électeurs républicains.

On pense, malgré cela, qu'il y a avantage à faire aux fractions extrêmes une part qui les satisfasse tant bien que mal, et l'on espère s'assurer par là leur concours dévoué. Nous pensons qu'il est de l'intérêt même du parti républicain, en vue du succès électoral, de faire à ces fractions la part la plus petite possible ou même de n'en pas faire du tout. Une liste qui porterait dix noms, par exemple, pris pour moitié dans les fractions extrêmes, n'aurait pas de chance de passer tout entière dans un département où les élections sont chaudement disputées. Alors même que les noms des fractions

2

moyennes réunissant toutes les voix du parti passeraient, les noms des radicaux et ceux des conservateurs libéraux ne passeraient pas, à moins d'une entente tellement parfaite qu'il n'y a pas lieu de l'attendre dans le cours ordinaire des luttes électorales.

Rien ne déterminera les radicaux à voter les noms des conservateurs républicains du lendemain, et ceux-ci ne se résoudront pas davantage à porter des radicaux. Les uns et les autres, candidats des fractions extrêmes, ne monteront pas au niveau des noms des fractions moyennes. Les noms des radicaux et des conservateurs ont figuré sur la liste proposée à l'acceptation des électeurs. Les fractions extrêmes ont seules profité de cette alliance, mais le parti républicain pris en masse y a perdu la moitié de ses représentants. Il eût cinq voix de plus pour affirmer la République et en défendre les institutions si au lieu de mettre sur sa liste cinq noms de radicaux ou de nouveaux convertis, il eût pris tous ses noms dans les fractions moyennes. Ces noms, en effet, quand ce sont ceux d'hommes de talent et d'un caractère irréprochable, rassurent les radicaux par leur fidélité à la forme républicaine et les conservateurs par leur adhésion aux principes nécessaires de l'ordre social.

Cette épreuve, que la pratique des élections reproduit partout, montre clairement où réside la force du parti républicain et où doit au besoin se concentrer le commandement dans les opérations de la stratégie électorale. Il en ressort avec évidence que les deux fractions extrêmes doivent faire des concessions dans la confection de la liste des candidats et se résigner à n'y pas occuper une place considérable, ou même à n'en pas occuper du tout.

Toutefois , si les circonstances de la campagne électorale conduisaient à faire des concessions à l'une des deux fractions extrêmes, c'est à celle des conservateurs libéraux qu'il importerait de faire une part. On la soupçonne de préférer la fausse sécurité de la monarchie à la forme républicaine. On n'est pas porté à oublier que dans une circonstance mémorable toute récente, à l'époque du plébiscite, la folle terreur qui aveugla les conservateurs libéraux à la pensée du retour des agitations politiques leur fit donner une adhésion nouvelle à la tyrannie impériale, et ruiner, par cet actes d'abandon, l'œuvre réparatrice à laquelle ils avaient vaillamment coopéré en 1869.

Il faudra sans doute bien des campagnes faites en commun et l'expérience d'une fidélité à l'épreuve des terreurs que peuvent susciter les tempêtes de la liberté pour que les républicains en viennent à accorder pleine confiance à la solidité des conservateurs libéraux. Néanmoins, comme il faut commencer une fois, nous estimons qu'il y aurait lieu de ne pas s'arrêter à ces préventions. Le nombre considérable des conservateurs libéraux et l'influence de leur exemple prouvent l'utilité de cet acte de conciliation. Nous pensons de plus qu'il n'y a aucun danger à le faire. De tous les partis politiques c'est celui qui sait le mieux reconnaître la supériorité du talent, et qui se résigne le plus complétement à accepter la direction des hommes éminents qu'il renferme ; c'est en eux qu'il voit ses candidats naturels. Or, ceux-ci, plus que tous les autres membres de ce groupe politique, comprennent l'avaniage que la France doit retirer de l'adoption de la forme républicaine. Il n'y a donc pas, croyons-nous, de danger à faire figurer sur une liste de candidats des noms appartenant à la couleur conservatrice libérale, si ces noms sont ceux d'hommes vraiment distingués par l'étendue de leurs connâissances, la portée de leur talent et l'élévation de leurs sentiments.

Une pareille concession ne devrait pas être faite aux radicaux. Selon nous, il n'est pas seulement impolitique et dangereux de la leur faire ; c'est manquer aux principes mêmes du parti républicain. Sans parler des théories sociales du parti radical, trop inconnues à la foule de ses membres pour lui être justement imputables, on peut lui reprocher son mépris pour la légalité, pour l'expression officielle de la volonté nationale. Les procédés lents, mais sûrs de la libre discussion ne lui vont pas, les coups de force font mieux son affaire, et il est trop enclin à voir la volonté du peuple dans l'expression bruyante des idées mal digérées d'une poignée de clubistes. L'idéal du gouvernement qu'il préconise depuis quelques années et que les adhérents des ligues de Marseille et de Toulouse ont essayé de réaliser, la permanence de comités populaires, chargés par le patriotisme seul dont ils se prétendent animés, de délibérer sur les affaires publiques, d'aviser aux meilleures mesures à adopter et de notifier souverainement des décisions à l'exécutif ;

cet idéal, parodie irrationnelle et intolérable de nos jours des rudiments de gouvernement qui s'organisèrent spontanément à une époque sinistre où la France était la proie de l'invasion et de la guerre civile, cet idéal est la négation même de la souveraineté du peuple; c'est l'usurpation de tous les pouvoirs par le caprice irresponsable de la portion la plus incompétente du peuple.

Une politique qui tendrait à réduire le rôle que la fraction radicale joue dans l'histoire du parti républicain n'aurait que des effets salutaires. Il vaudrait la peine de l'inaugurer. Ce serait le moyen sûr de se dégager définitivement d'une solidarité compromettante, et de repousser le soupçon de pactiser, dans l'intérêt du succès, avec des doctrines mal famées. En outre, on obligerait les radicaux à une sécession qui ferait connaitre enfin leur vrai programme qu'ils ne pourraient plus déguiser derrière celui des républicains, et qui fixerait désormais leur importance en révélant leur force véritable.

IV

Formation du Comité électoral, son rôle.

Puisqu'il semble à propos de réduire, sur la liste des candidats républicains, la part des radicaux ou de la supprimer entièrement, et que d'autre part, s'il y a convenance à faire une part aux conservateurs libéreaux, il est nécessaire de la limiter à des proportions restreintes, au moins jusqu'à l'époque où la fusion de cette fraction avec la masse du parti républicain sera devenue intime, où il n'y aura plus lieu à méfiance, le mode de confection des listes de candidats est tout tracé. Il doit être tout autre que celui adopté aux dernières élections. On ne devra plus appeler dans la commission chargée du soin de cette préparation importante des délégués, aussi nombreux et bruyants que mal préparés par leurs habitudes et leur éducation politique à remplir cette délicate mission.

Du coup on se débarrasserait du personnel qui arrivait si facilement à imposer au choix des électeurs nombre candidats radicaux.

Des citoyens connus pour leur fidélité aux idées libérales républicaines se réuniraient pour discuter ensemble, non les mérites ou l'aptitude de tel ou tel candidat, qualités que l'on doit supposer connues et au-dessus de toute discussion, mais les chances de succès que la présence de tel ou tel nom sur la liste peut donner dans la lutte électorale.

Cette réunion serait naturellement conduite à examiner si, en dehors des notabilités locales du parti républicain, il n'y aurait pas des personnes appartenant au parti libéral conservateur, et adhérant à la République, qui fussent susceptibles de prêter un concours efficace dans la campagne électorale, comme aussi après le succès, de coopérer effectivement avec tout le poids d'un talent réel à l'affermissement d'une République libre. De même, si parmi les radicaux il est des personnes éminentes, animées d'un esprit vraiment libéral, décidées à ne revendiquer les fins inscrites sur le programme de ce parti que par la liberté, et qui fassent publiquement profession de cette opinion bien arrêtée, il sera sage et juste de les comprendre sur la liste des candidats républicains. De telles individualités, quelque nom politique qu'elles croient pouvoir se donner, appartiennent au parti républicain.

Il est certain que la réunion de citoyens, qui aura fait de cette façon une liste de candidats ne pourra pas se donner pour la représentation des diverses fractions du parti républicain. Pour rester dans les limites du droit et ne pas s'écarter de la vérité, elle devra, en faisant connaître ses candidats, en les proposant au choix des électeurs, ne prendre pour elle-même aucune dénomination impliquant l'idée que la liste est le produit d'une entente préalable entre les divers groupes d'électeurs. Cette situation sera plus modeste ; mais si la liste est faite consciencieusement, c'est à dire si elle porte autant que possible les notabilités les plus incontestées que le parti Républicain peut avouer, son influence ne sera pas inférieure à celle d'une liste qui serait le fruit de la coopération des divers éléments du parti.

Ce serait une erreur de croire que l'électeur se détermine d'après l'étiquette attachée à la liste. Les faits le démentent à chaque élection : c'est d'après les noms qui y sont inscrits qu'il se décide pour ou contre une liste. Il ne les connaît pas tous, mais la présence sur une liste du nom de la personne de son arrondissement qui a des titres sérieux à représenter son parti, le décide en faveur de tous les autres noms. Il est bien plus sensible à l'influence des noms qu'à la présence, dans un comité, de tel ou tel citoyen de sa localité.

En vue d'une campagne électorale prochaine, comme aussi en vue de celles qui devront se renouveler périodiquement à des intervalles assez courts, si la France doit enfin recevoir les institutions d'un pays libre, il faudrait organiser sans retard un comité électoral sur les bases rationnelles. Ce comité peut recevoir une constitution telle qu'il soit en réalité permanent et qu'au besoin il puisse jouer sur la direction de l'opinion un rôle influent

en dehors même des luttes électorales. Pour celà
un plan très simple pourrait être adopté.

Le siége du comité serait établi chez l'un des
citoyens influents du chef-lieu, qui assumerait le
rôle de directeur des opérations. Ce citoyen et
quelques amis formeraient le noyau du comité.
Constamment en relation les uns avec les autres,
pouvant facilement se réunir et se concerter, assez
au courant de l'état d'esprit des populations du
département pour conduire avec intelligence une
entreprise délicate, où le point capital est de
bien saisir tous les courrants de l'opinion, ils devraient tout d'abord rechercher dans le département, aux chefs-lieux de canton notamment, une
ou plusieurs personnes influentes, se mettre en
relation avec elles et les affilier au comité. Une
seule, mais une indispensable condition serait im-
posée aux affiliés. Il faudrait qu'ils fussent parfaite-
ment en état de fournir des rénseignements exacts
sur l'état d'esprit dominant dans leur localités,
de mesurer avec précision le degré de la popula-
rité des personnages en passe d'être portés sur les
listes des candidats, et d'évaluer leurs chances de
succès. Une liste des affiliés serait conservée au
siége du comité. On aurait soin de la tenir toujours
au complet et d'y adjoindre tous les individus aptes
à remplir ce rôle.

Aux époques d'élections, ces personnes seraient
réunies au siége du comité, dès les premiers jours
de la période réglementaire. Chacun opinerait sur
les candidats, et les résolutions seraient prises, non
d'après la sympathie des membres du comité pour

la personne des candidats, mais d'après les probabilités en faveur de leur succès.

En vue d'un travail qui doit être poussé avec autant de conscience que de tact, les membres du comité devraient, dans l'intervalle des élections, s'entourer de tous les éléments qui pourraient déterminer leur propre choix et éclairer celui de leurs collègues, tant sur la question de savoir à quels dédéputés en exercice le mandat devra être maintenu, que sur celle de savoir quels candidats nouveaux devront être présentés. Pour se mettre tout à fait en état de bien remplir leur tâche, ils devraient s'assurer de l'état de l'opinion relativement aux députés ou aux candidats possibles qui appartiennent à leur arrondissement.

Il est évident que s'il s'agit de députés en exercice à réélire, toute partie du département peut avoir une opinion suffisamment éclairée, mais il n'en est pas de même, il s'agit d'un candidat nouveau. Quand une candidature paraîtrait possible au directeur du comité ou à tout autre membre, ou quand ils seraient informés que telle personne songe à se mettre sur les rangs, il serait bon qu'ils provoquassent les membres correspondants du comité, qui sont en état d'apprécier immédiatement ou d'étudier les chances de cette candidature nouvelle, à apporter à ce sujet un avis motivé. Enfin, le travail de préparation d'une bonne liste de candidats devrait être l'objet constant des préoccupations du comité durant les intervalles qui séparent les élections.

Cette tâche est obscure, mais elle est sérieuse et

mérite bien que des hommes dévoués la prennent à cœur. Il est temps que l'on comprenne que la vie politique d'une nation nécessite des efforts incessants. Le moment est venu de renoncer au système suivi jusqu'ici, qui faisait des luttes des loteries, où il était fort difficile de prédire d'avance le nom du gagnant. Le citoyen qui, pendant la période préparatoire, fournirait au comité les renseignements d'après lesquels un choix serait décidé, assumerait dans une grande mesure la responsabilité de ce choix. Le degré de conformité de l'événement avec ses prévisions déterminerait le degré de confiance que le comité aurait désormais en son jugement et son expérience.

Les membres du comité n'auraient pas seulement à le renseigner, ils auraient encore une façon de servir leur parti. Dispersés dans les divers centres de population du département, ils formeraient les cadres de l'armée électorale et lui donneraient une solidité et une valeur morale qu'elle n'a jamais eues jusqu'ici. La province aurait enfin, en dehors des villes, un personnel d'hommes politiques, pénétrés du sentiment de leur dignité, qui ne pourraient manquer, dans un avenir prochain, de peser sur les destinées de notre pays.

Un bureau de journal pourrait servir de siége au comité; le journal serait l'organe par lequel on patronnerait, on ferait germer au besoin une candidature utile. D'ailleurs un comité constitué et fonctionnant d'après le plan exposé ci-dessus ne pourrait se passer d'un journal. Il serait de tous points avantageux de réunir les deux entreprises.

Il le serait moins de placer le siége [du comité dans une société populaire. L'accès étant toujours ouvert à de nouveaux membres et sa direction pouvant toujours changer de voie, les programmes adoptés ne défendraient pas suffisamment la société électorale contre des variations préjudiciables. Il serait à redouter qu'une adjonction brusque de nouveaux membres ne lançât la société, et avec elle le comité électoral, hors de la ligne de sage impartialité, quant aux personnes, qu'elle doit toujours tenir.

Il ne faut pas perdre de vue que pour l'application de ce plan, le citoyen appelé à y jouer un rôle doit mettre en œuvre ses meilleures facultés mentales et faire sans cesse des efforts, pour rester dans cette voie moyenne où, maître de ses sentiments, il perçoit une claire vue des choses et de leurs véritables rapports. Ce ne serait pas faire à ce projet d'organisation une objection valable que d'arguer de la difficulté de l'appliquer avec le personnel d'agents et d'agitateurs électoraux dont le parti républicain dispose aujourd'hui. Un des plus sûrs effets de ce plan serait de supprimer ce personnel et de le réduire à sa véritable fonction : la propagande de chaque jour dans les régions où la discussion élevée des questions politiques, où la polémique des journaux même ne pénètrent pas. Un personnel nouveau prendrait le rôle directeur de l'ancien, mais avec plus de conscience de sa responsabilité à la fois envers le parti et envers la nation.

Ce personnel nouveau, recruté dans les rangs de

la bourgeoisie éclairée ou dans cette partie de la classe laborieuse qui s'en rapproche le plus, serait très propre, par son honorabilité reconnue, à faire l'espèce de propagande dont le parti républicain a surtout besoin. Il est évident pour nous que de tous les régimes politiques, la République est celui qui peut donner à tous les droits les garanties les plus fortes. Mais c'est une vérité qui n'est pas généralement acceptée. On doute, et, il faut l'avouer, le langage des hommes d'action du parti républicain, des agents électoraux qui presque tous appartiennent à la fraction radicale, n'est pas fait pour implanter cette salutaire croyance dans les esprits timides. Rien de plus propre à la répandre que l'institution d'un comité politique permanent, ouvert à tous les rangs de la société, n'excluant plus avec mépris, mais accueillant avec confiance les conservateurs et n'imposant aux récipiendaires d'autres conditions que d'accepter publiquement et définitivement le régime républicain et de rendre au comité le genre de services que nous avons décrit.